Ernst Probst

Meryl Streep. Der Star auf der Bühne, der Leinwand und dem Bildschirm

GRIN Verlag

Bibliografische Information der Deutschen Nationalbibliothek:

Die Deutsche Bibliothek verzeichnet diese Publikation in der Deutschen National-
bibliografie; detaillierte bibliografische Daten sind im Internet über http://dnb.d-
nb.de/ abrufbar.

Impressum:

Copyright © 2012 GRIN Verlag GmbH
Druck und Bindung: Books on Demand GmbH, Norderstedt Germany
ISBN: 978-3-656-19423-1

Dieses Buch bei GRIN:

http://www.grin.com/de/e-book/194090/meryl-streep-der-star-auf-der-buehne-der-
leinwand-und-dem-bildschirm

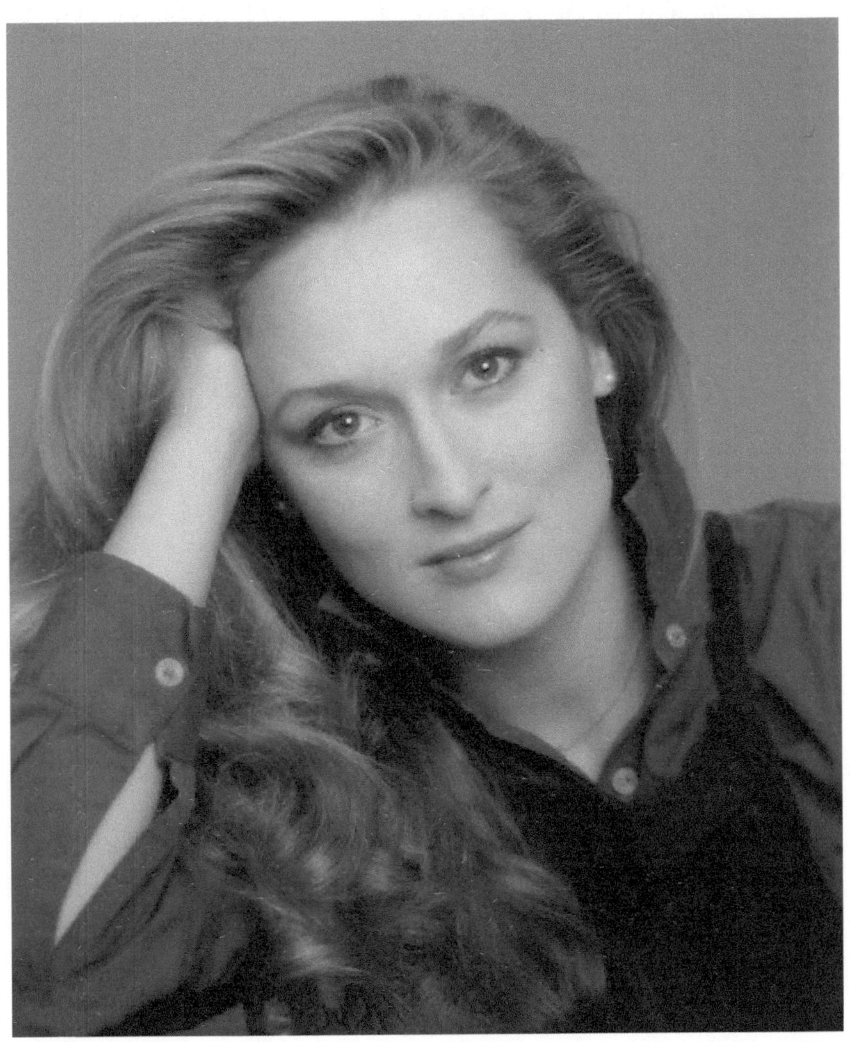

Meryl Streep

Ernst Probst

Meryl Streep

Der Star auf der Bühne,
der Leinwand
und dem Bildschirm

Beate Werner,
Bernd Werner,
Marianne Werner,
Otto Werner,
Sonja Werner,
Dr. Jochen Werner,
Christine Werner und
Steffen Werner
gewidmet

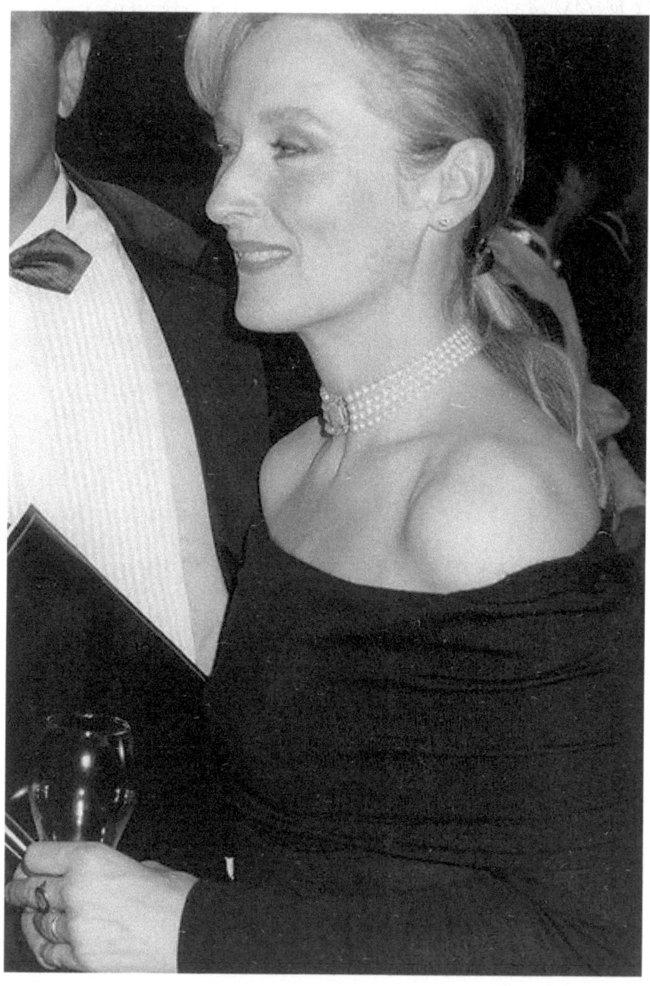

Meryl Streep bei der „Oscar“-Verleihung 1989

Meryl Streep

Der Star auf der Bühne, der Leinwand
und dem Bildschirm

Als Amerikas großartigste Schauspielerin priesen Kritiker in den 1980-er Jahren die Aktrice Meryl Streep, geborene Mary Louise Streep. Zum Ruhm der ungewöhnlich wandlungsfähigen sowie beherrscht und nüchtern auftretenden Künstlerin trugen vor allem die Fernsehserie „Holocaust" und drei „Oscars" bei. Sie mimte tragische und dramatische Schicksale ebenso überzeugend wie komische Rollen.
Mary Louise Streep kam am 22. Juni 1949 in Summit (New Jersey) zur Welt. Ihr Großvater väterlicherseits, Harry William Streep senior, stammte aus Amsterdam. Ihr Vater Harry William Streep junior arbeitete als Manager des Pharmakonzerns Merck. Ihre Mutter Mary Wolf Wilkinson betätigte sich als Grafikerin. „Sie war jemand, der einen Raum schlagartig mit ihrer Präsenz erleuchtete", sagte Meryl später über ihre Mutter, die sie sehr bewunderte. Meryl ist die knuffige Kurzform ihrer beiden Vornamen. Sie hat zwei jüngere Brüder namens Harry William III und Dana David Streep.
Bereits auf der High School bewies Mary Louise ihr schauspielerisches Talent. Sie erhielt bei schulischen

Theateraufführungen Hauptrollen und ließ ihre Stimme in New York City ausbilden. Es machte sie glücklich, in Rollen zu schlüpfen, „im Herzen von jemand anderem zu leben, seine Seele ganz nah bei sich zu spüren". Damit bekämpfte sie ihre quälenden Selbstzweifel als Teenager wegen ihrer langen Nase und zu vieler Pfunde. Auf ihre Mitschüler wirkte sie manchmal altklug, aber auch zielstrebig.

Bis 1971 studierte Mery Streep Theaterwissenschaften am „Vassar College" in Poughkeepsie und danach bis 1975 Schauspiel, Kostümkunde und Drehbuch an der „School of Drama" der Universität Yale. Das Studium in Yale schloss sie mit einem „Master of Fine Arts" ab. Noch während des Studiums in der ersten Hälfte der 1970-er Jahre feierte sie ihr Debüt auf der Bühne. Anfangs trat sie in der kleinen Vermonter Theatergruppe „The Green Mountain Guild" auf. Am „Yale Repertory Theatre" überzeugte sie 1974 als Constance Garnett in „The Idiot's Karamazov". Außerdem sah man sie in Yale als Helena in William Shakespeares „Ein Sommernachtstraum" und als Tochter in August Stindbergs „Vater".

Nach ihrer Ausbildung spielte Meryl Streep in der ersten Saison in sieben Theaterstücken mit, eines davon war Tennessee Williams „27 Wagons Full of Cotton". Im Sommer 1976 trat sie auf dem New Yorker „Shakespeare-Festival" in „Heinrich V." und „Maß für Maß" auf. In jener Zeit begegnete sie dem amerikanischen

Schauspieler John Cazale (1935–1978), mit dem sie sich 1976 verlobte.

Auf der Kinoleinwand sah man die 1,68 Meter große Meryl Streep erstmals mit einer kleinen Rolle in dem Streifen „Julia" (1977). Ihre erste Hauptrolle spielte sie neben Robert De Niro in dem Vietnamfilm „The Deer Hunter" („Die durch die Hölle gehen", 1978). Darin wirkte auch ihr Lebensgefährte John Cazale (1935–1978) mit, obwohl er an Knochenkrebs erkrankt war. Wegen dessen Krankheit ließ der Regisseur Michael Cimino die Szenen mit Cazale zuerst drehen. Meryl pflegte ihren Lebensgefährten bis zu dessen Tod im März 1978. International bekannt wurde Meryl Streep mit ihrer Rolle als Inga Helms-Weiss in der vierteiligen Fernsehserie „Holocaust – Die Geschichte der Familie Weiss" (1978) von Marvin J. Chomsky. Diese Serie erzählt die fiktive Geschichte der jüdischen Arztfamilie Weiss, die in Berlin zur Zeit des Nationalsozialismus lebt. Sie wurde auch in Deutschland gesehen und führte zu vielen Diskussionen über die nationalsozialistische Vergangenheit. Nach dem Tod von John Cazale heiratete Meryl Streep im September 1978 den Bildhauer Don Gummer. Aus dieser Ehe gingen der Sohn Henry Wolfe (geboren 1979), genannt „Hank", sowie die Töchter Mary Willa (1983), genannt „Mamie", Grace Jane (1986) und Louisa Jacobson (1991) hervor. Einer Residenz im Nobelviertel von Los Angeles kehrte Meryl 1995 den Rücken. Danach lebte sie mit ihrem Ehemann und mit ihren Kindern in den Bergen von Connecticut auf einem 35 Hektar großen Grundstück mitsamt eigenem See.

Über das Privatleben von Meryl Streep ist wenig bekannt, weil sie hierüber so gut wie nichts preisgibt. Wegen ihres tadellosen Verhaltens hat sie Hollywood seit Jahrzehnten völlig skandalfrei überlebt. Sie betrachtet sich als eine Hausfrau, die in ihrer Freizeit Filme dreht. Typisch für sie ist ihr bescheiden klingender Ausspruch: „Ich bin eine Schauspielerin, die nach der Arbeit nach Hause geht". Manchmal hat sie aber auch einen Hang zur Dramatik. Beispielsweise erklärte sie einmal: „Wenn ich meine Arbeit nicht hätte, meinen Sturm und Drang nicht darin austoben könnte, würde ich wahrscheinlich meine Kinder verprügeln oder Rauschgift nehmen. Oder beides."

Ihren ersten „Oscar" erhielt Meryl Streep als beste Nebendarstellerin in dem ergreifenden Film „Kramer gegen Kramer" (1979). Darin streiten sich ein Vater und eine Mutter nach ihrer Trennung erbittert um das Sorgerecht für ihren Sohn. Der Streifen rührte die Herzen von Millionen Kinobesuchern. Vor lauter Aufregung über ihre hohe Auszeichnung ließ Meryl ihren „Oscar" in der Damentoilette stehen.

Den zweiten „Oscar" heimste Meryl Streep als beste Hauptdarstellerin für ihre Rolle in dem Film „Sophie's Choice" („Sophies Entscheidung", 1982) ein. Darin verkörperte sie eine seelisch zerrüttete Polin, die das Konzentrationslager Auschwitz überlebt hat.

Zu Meryl Streeps bekanntesten Streifen gehören unter anderem „Manhattan" (1979), „The French Lieutenant's Woman" („Die Geliebte des französischen Leutnants", 1981), „Still of the Night" („In der Stille der Nacht", 1982), „Silkwood" (1983), „Out of Africa" („Jenseits von Afrika", 1985), „Falling in Love" („Der Liebe verfallen", 1985), „Plenty" („Eine demanzipierte Frau", 1985), „Ironweed" („Wolfsmilch", 1987), „A Cry in the Dark" (1988), „Postcards from the Edge" („Grüße aus Hollywood", 1990), „Death Becomes Her" („Der Tod steht ihr gut", 1992), „The House of the Spirits" („Geisterhaus", 1993), „The River Wild" („Am wilden Fluss", 1994) und „The Bridges of Madison County" („Die Brücken am Fluss", 1995).

Im Online-Lexikon „Wikipedia" heißt es, Meryl Streeps erfolgreichste Filmcharaktere seien emotional reife Frauen, die durch äußere Anlässe zu einer Revision ihres Lebenskonzeptes gezwungen wurden. Anfang der 1990-er Jahre warfen ihr Kritiker vor, sie sei auf die Darstellung „kühler" Charaktere festgelegt, deren Menschlichkeit sich dem Publikum nicht unmittelbar erschließe.

Als sie 1989 ihren 40. Geburtstag feierte, sagte Meryl Streep zu ihrem Ehemann Don Gummer: „So das war's. Wir müssen uns nach einem Altersruhesitz umsehen, denn ohne Rollenangebote kann ich mir New York nicht mehr leisten." Doch sie irrte sich und erhielt prompt drei Angebote. Allerdings handelte es sich bei jeder dieser drei Rollen um eine Hexe.

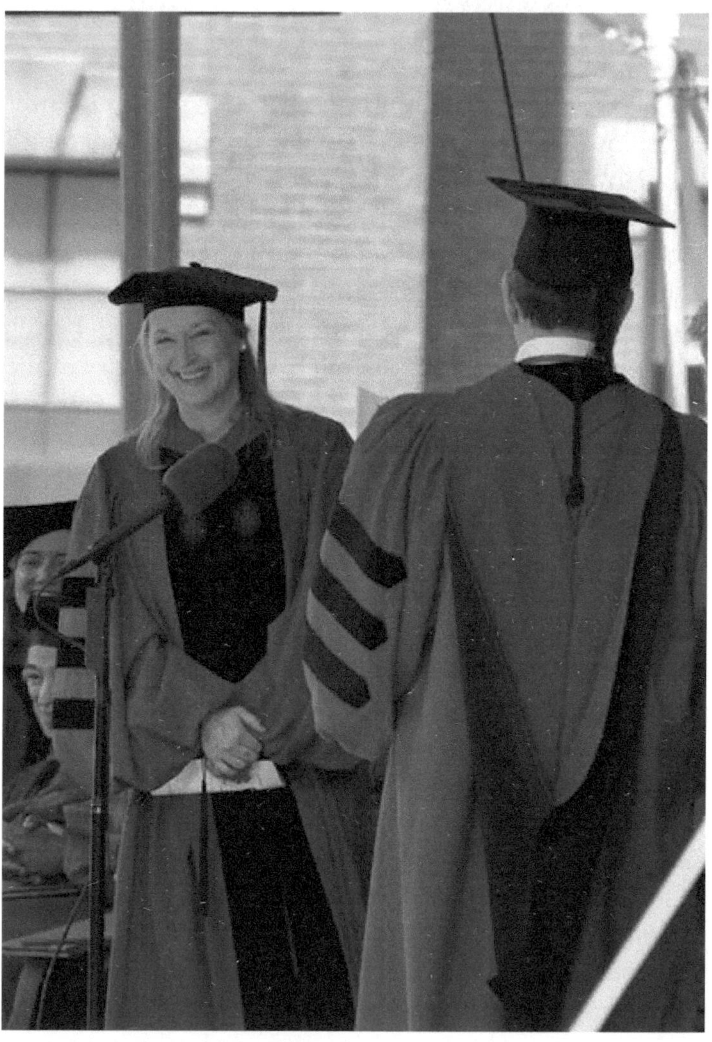

*Verleihung des Ehrendoktor-Titels der „Harvard University"
an Meryl Streep im Jahre 2010*

Meryl Streep setzte sich für die Abrüstung, für den Schutz der Armen und für die Gleichberechtigung der Frauen in der Filmindustrie ein. 1990 gründete sie die Aktion „Saubere Leinwand", die gegen die Sexwelle in den Kinos kämpft. Sie erhielt zahlreiche Auszeichnungen. Unter anderem haben ihr die Universitäten Dartmouth, Yale und Lafayette den Ehrendoktor-Titel verliehen.

Nach fast 20-jähriger Abstinenz kehrte Meryl Streep im August 2001 wieder auf die Theaterbühne zurück. Sie spielte beim „Public Theatre Revivals" die Rolle der Arkadina in dem Stück „Die Möwe" von Anton Tschechow (1860–1904). Bei der Aufführung wirkten auch Kevin Kline, Natalie Portman, Philip Seymour Hoffman, Christopher Walken, Marcia Gay Harden und John Godman mit. Diese Inszenierung hatte eine so große Anziehungskraft, dass Zuschauer/innen bis zu 17 Stunden für die kostenlosen Eintrittskarten anstanden.

Auch im ersten Jahrzehnt des 21. Jahrhunderts wirkte Meryl Streep in zahlreichen Filmen mit. Man sah sie 2001 in „A. I. Artificial Intelligence" („A. I. – Künstliche Intelligenz"), 2002 in „Adaption" und „The Hours" („The Hours – Von Ewigkeit zu Ewigkeit"), 2003 in „Stuck on You" („Unzertrennlich"), 2004 in „Lemony Snicket's A Series of Unfortunate Events" („Lemony Snicket") und „The Manchurian Candidate" („Der Manchurian Kandidat") sowie 2005 in „Prime („Couch-

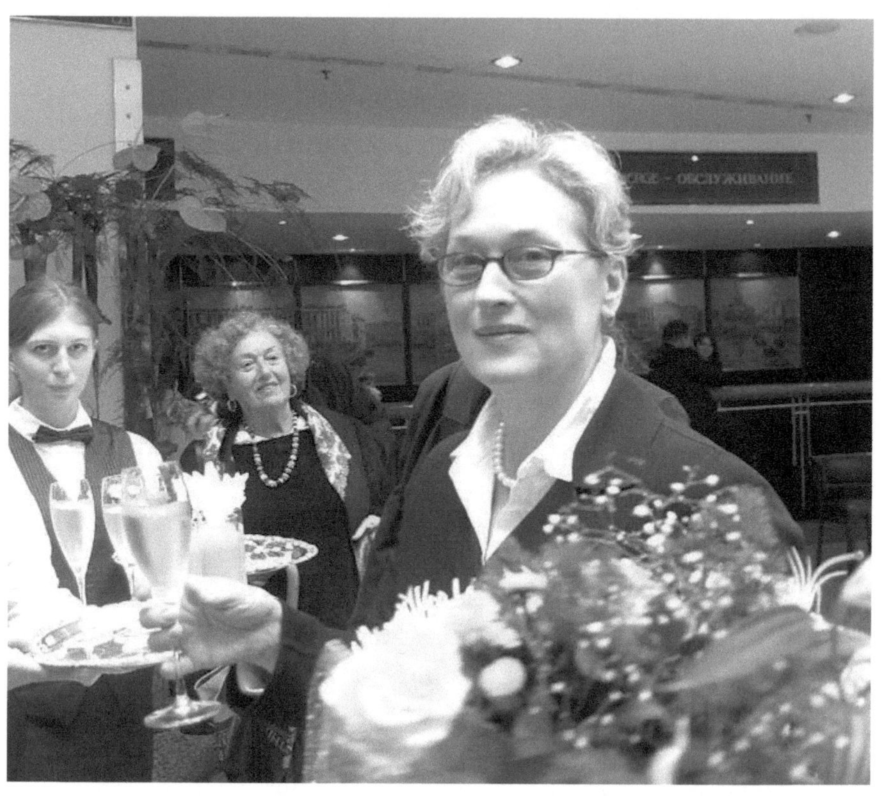

*Meryl Streep in Sankt Petersburg (Russland)
am 22. Juni 2004*

*Foto auf Seite 15:
Meryl Streep in San Sebastian (Spanien) 2008*

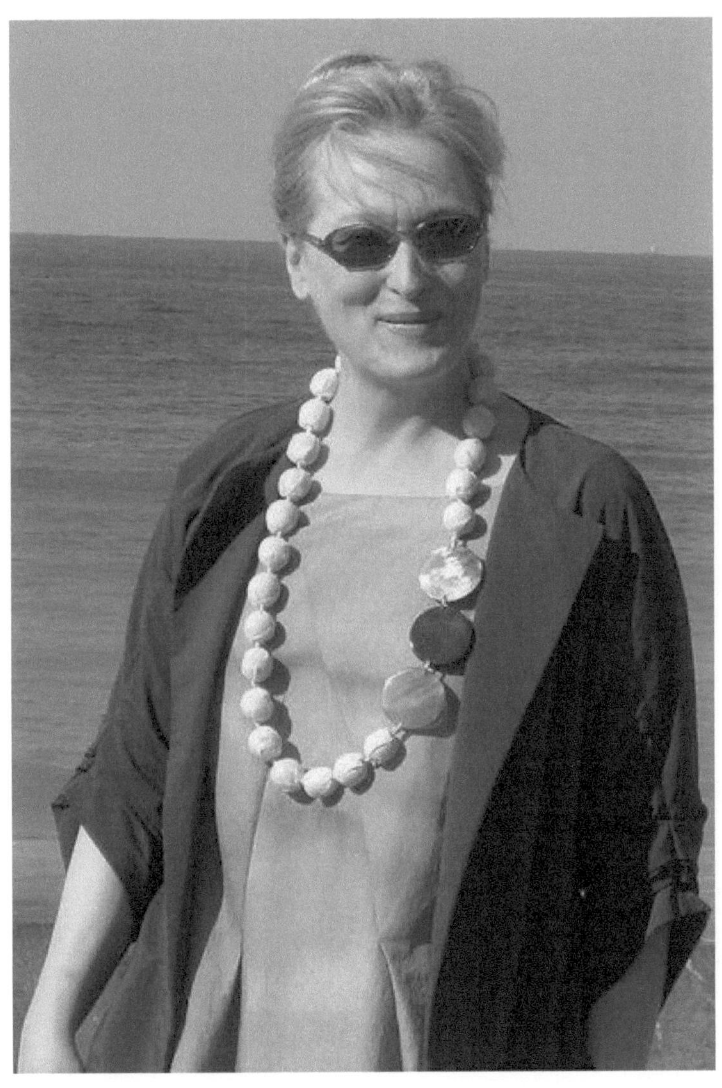

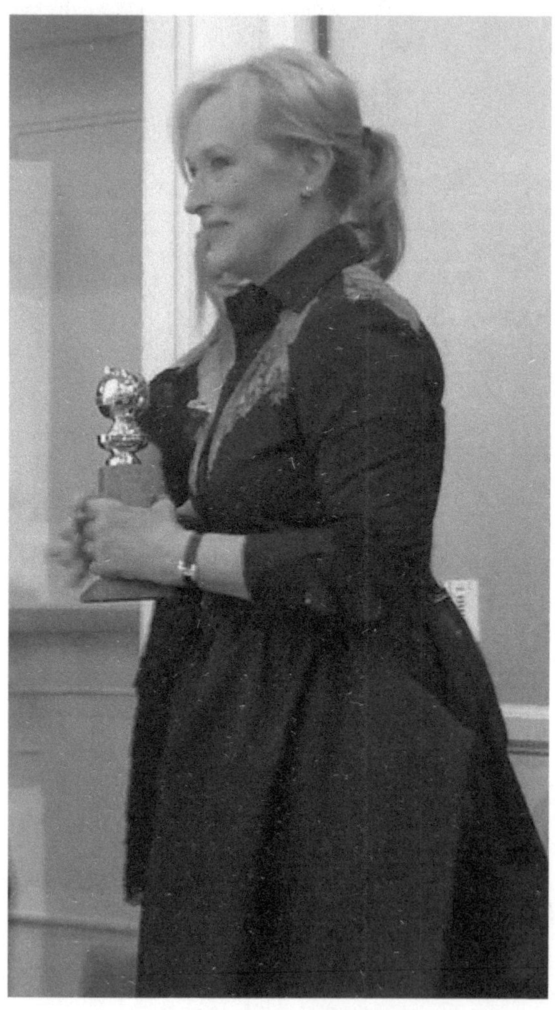

Meryl Streep bei der Verleihung des „Golden Globe" 2012

geflüster – Die erste therapeutische Liebeskomödie"). 2006 wirkte sie in „A Prairie Home Companion" („Robert Altman's Last Radio Show") und als tyrannische „Runway"-Chefredakteurin Miranda Priestly in „The Devils Wears Prada" („Der Teufel trägt Prada") mit. 2007 folgten „Dark Matter", „Rendition" („Machtlos"), „Lion for Lambs" („Von Löwen und Lämmern") und „Evening" („Spuren des Lebens"), 2008 „Mamma Mia!" und „Doubt" („Glaubensfrage"), 2009 „Julie & Julia", „Fantastic ,Mr. Fox" („Der fantastische Mister Fox") und „It's Complicated" („Wenn Liebe so einfach wäre"). Nach den Dreharbeiten für „A Prairie Home Companion" lobte der Regisseur Robert Altman (1925–2006) im April 2006 im US-Magazin „Time" die Instinkte von Meryl Streep, die sie sowohl sphärisch als auch bodenständig erscheinen lassen. Am Set habe sie mit ihrer Wärme die Stimmung beherrscht. Als Meryl gemeinsam mit Lily Tomlin das Lied „Good-bye to My Mama" zu singen begonnen habe, hätten allen die Tränen in den Augen gestanden.

Am Rande der „Berlinale" erklärte die 62-jährige Meryl Streep 2011 gegenüber der deutschen Boulevard-Zeitung „Express", sie könne die Verleihung des „Oscar" nicht genießen. Wörtlich sagte sie: „Der Oscar ist fast eine Sportveranstaltung. Du fühlst dich wie ein Pferd. Alles dreht sich um Körperpflege, Haare, Kleider, Schuhe und Schmuck. Ich könnte jedes Mal sterben, ich kann das nicht genießen. Ganz und gar nicht. Ich hasse es

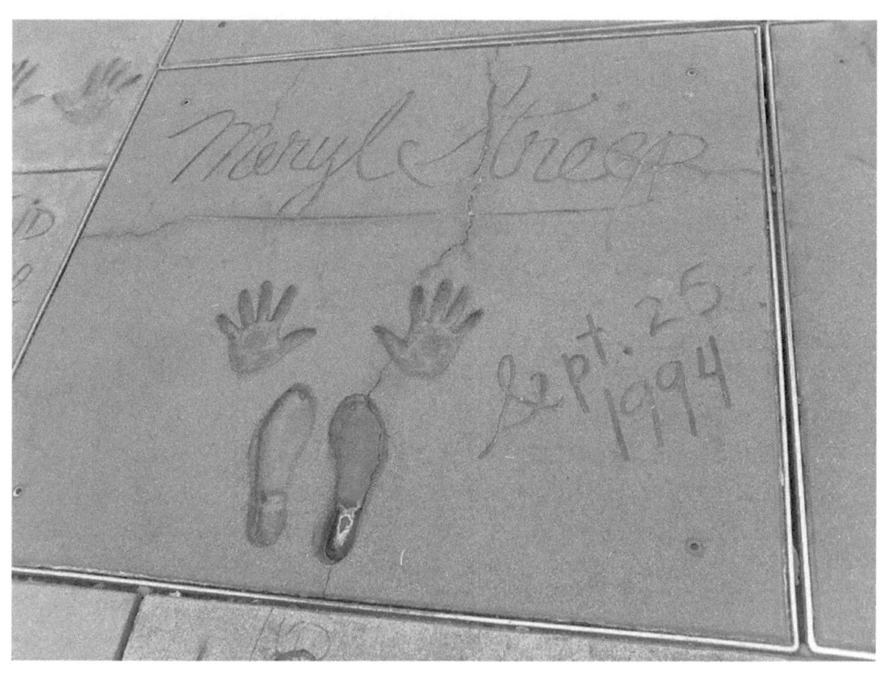

Hand- und Fußabdrücke von Meryl Streep
vor dem Kino „Grauman's Chinese Theatre" in Hollywood

sogar!" Aber sie liebe es, all ihre Freunde dort zu treffen.

2011 spielte Meryl Streep die Hauptrolle in „The Iron Lady" („Die Eiserne Lady"), einem biografischer Film über die frühere britische Premierministerin Margret Thatcher. Für ihre Mitwirkung in diesem Streifen erhielt sie am 15. Januar 2012 einen „Golden Globe Award" und am 26. Februar 2012 ihren dritten „Oscar" als beste Hauptdarstellerin. Ihre Millionen-Gage für „The Iron Lady" spendete sie dem „National Women's History Museum" in Washington, als dessen Sprecherin sie fungiert. Bisher existiert dieses Museum nur virtuell, was sich aber ändern soll. Das Museum soll die Geschichte der Frauen aufarbeiten und an die Oberfläche holen.

Gelegentlich sprach Meryl Streep in englischsprachigen Originalfassungen verschiedener Zeichentrickfilme wie „Simpsons", „King of the Hill" und „Blue Fairy" („Blaue Fee"). Die Macher der „Sesamstraße" haben angeblich mit ihrer Erlaubnis das Plüsch-Schaf „Meryl Sheep" nach ihr benannt.

Im Laufe ihrer künstlerischen Karriere als Schauspielerin wurde Meryl Streep mit Auszeichnungen geradezu überhäuft. An erster Stelle sind hier ihre drei „Oscars" zu nennen. Von ihren insgesamt 17 Nominierungen für den „Oscar" entfielen 14 auf die Kategorie „beste Hauptdarstellerin" und drei als „beste Nebendarstellerin". Damit hält sie den Rekord als am meisten

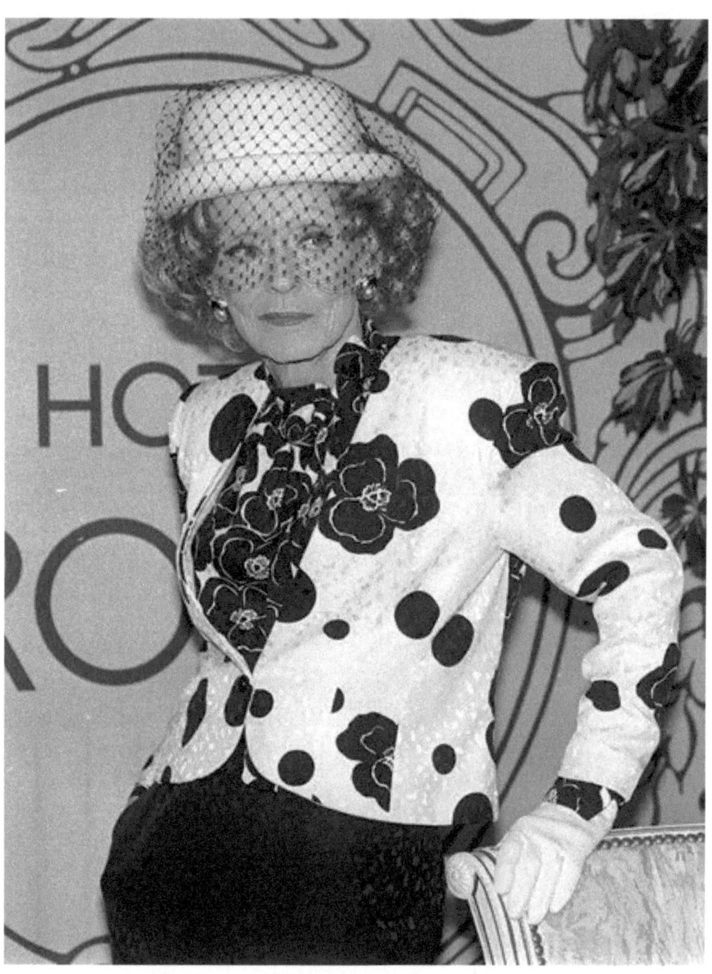

Bette Davis (1908–1989)

nominierte Schauspielerin aller Zeiten vor Katharine Hepburn (1907–2003) und Jack Nicholson mit jeweils zwölf Nominierungen.

2004 wurde Meryl Streep eine besondere Ehre zuteil. C. Virginia Fields, die Stadtbezirks-Präsidentin von Manhattan, proklamierte den 27. Mai zum „Meryl-Streep-Tag".

Laut „Forbes Magazine" gehört Meryl Streep zu den am meisten verdienenden Schauspielerinnen in Hollywood. Zwischen Juni 2007 und Juni 2008 erhielt sie Gagen von 16 Millionen US-Dollar.

Die legendäre Bette Davis (1908–1989), die der Nachwelt rund 100 Filme hinterließ, schrieb Meryl Streep einmal einen bewundernden Brief, diese sei ihre „legitime Nachfolgerin". Der Regisseur Robert Altmann sagte über sie: „Meryl is one in a million". Shirley MacLane fand sie „überirdisch". Diane Keaton betrachtete sie als „Genie". Carrie Fisher erklärte sie zur „fucking best actress of the world".

„Emma", das politische Magazin für Frauen, lobte Meryl Streep: „Man findet bei ihr einfach kein Haar in der Suppe. Kein einziges." Nicht, dass man danach suchen würde, aber für gewöhnlich tauche bei einer berühmten Schauspielerin doch automatisch der ein oder andere Ausrutscher auf. Eine mit Blick aufs Konto ausgewählte Filmrolle in einem blöden Blockbuster, ein distanzierender Spruch zum Feminismus, ein Lifting, irgendwas. Diese Frau sei einfach perfekt.

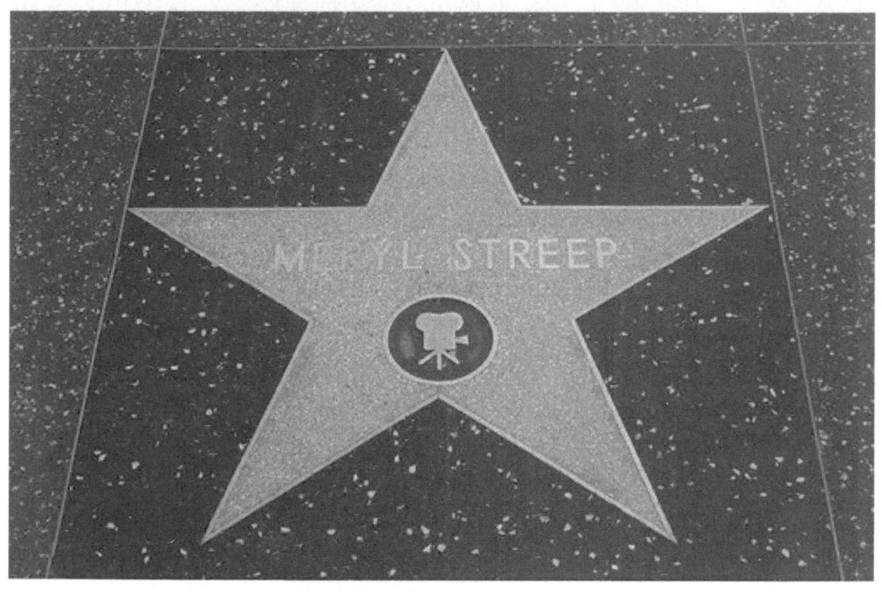

Stern für Meryl Streep
auf dem „Hollywood Walk of Fame"
in Los Angeles (Kalifornien)

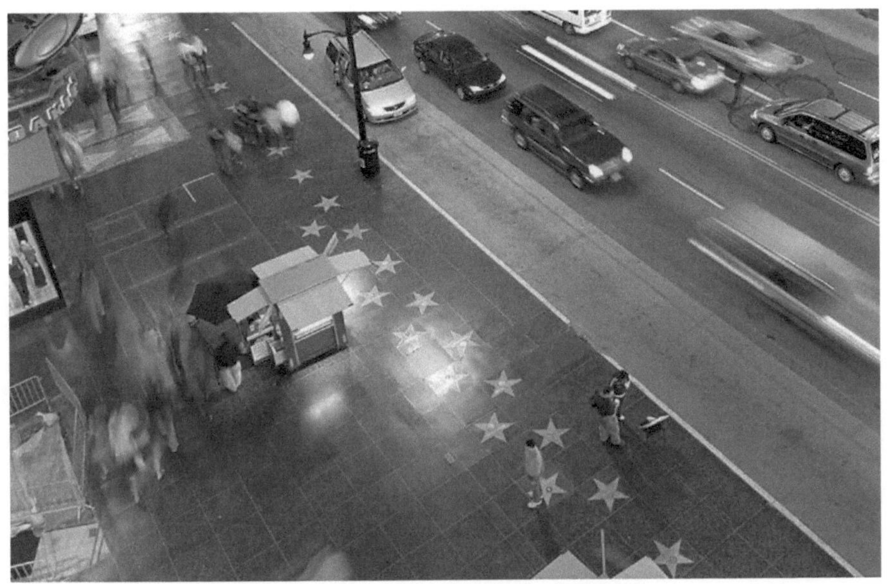

*Auf dem „Hollywood Walk of Fame" werden Prominente,
die eine wichtige Rolle in der Unterhaltungsindustrie spielten
oder noch spielen, mit Sternen geehrt.*

Mit einem lachenden und mit einem weinenden Auge reagierte Meryl Streep darauf, dass zwei ihrer Töchter ebenfalls Schauspielerinnen werden wollen. Dies kommentierte sie so: „Für junge Schauspielerinnen ist das Geschäft härter geworden. Sie müssen heutzutage bizarre Medienerwartungen bedienen und sich zum Sexobjekt degradieren, um aufs Cover zu kommen. Und sie müssen extrem hübsch und dünn sein."

Filme von Meryl Streep

Kinofilme
1977: Julia
1977: Blutiges Eis (The Deadliest Season)
1978: Uncommon Woman… and Other
1978: Die durch die Hölle gehen (The Deer Hunter)
1979: Manhattan
1979: Die Verführung des Joe Tynan (The
Seduction of Joe Tynan)
1979: Kramer gegen Kramer (Kramer vs. Kramer)
1981: Die Geliebte des französischen Leutnants
(The French Lieutenant's Woman)
1982: Sophies Entscheidung (Sophie's Choice)
1982: In der Stille der Nacht (Still of the Night)
1983: Silkwood
1985: Jenseits von Afrika (Out of Africa)
1985: Der Liebe verfallen (Falling in Love)
1985: Eine demanzipierte Frau (Plenty)
1986: Sodbrennen (Heartburn)
1987: Wolfsmilch (Ironweed)
1988: Ein Schrei in der Dunkelheit (A Cry in the
Dark)
1989: Die Teufelin (She-Devil)
1990: Rendezvous im Jenseits – eine himmlische
Komödie über das Leben danach (Defending Your
Life)

1990: Grüße aus Hollywood (Postcards from the Edge)
1992: Der Tod steht ihr gut (Death Becomes Her)
1993: Das Geisterhaus (The House of Spirits)
1994: Am wilden Fluß (The River Wild)
1995: Die Brücken am Fluß (The Bridges of Madison County)
1995: Wunderwelt der Meere (The Living Sea, Erzählerin)
1996: Davor und danach (Before and After)
1996: Marvins Töchter (Marvin's Room)
1998: Familiensache (One True Thing)
1998: Tanz in die Freiheit (Dancing at Lughnasa)
1999: Chrysanthemum (Erzählerin)
1999: Music of the Heart
2001: A.I. – Künstliche Intelligenz (A.I. Artificial Intelligence, Stimme)
2002: Adaption (Adaptation)
2002: The Hours – Von Ewigkeit zu Ewigkeit (The Hours)
2003: Unzertrennlich (Stuck on You, als sie selbst)
2004: Lemony Snicket – Rätselhafte Ereignisse (Lemony Snicket's A Series of Unfortunate Events)
2004: Der Manchurian Kandidat (The Manchurian Candidate)
2005: Couchgeflüster – Die erste therapeutische Liebeskomödie (Prime)
2006: Robert Altman's Last Radio Show (A Prairie Home Companion)

2006: The Music of Regret (Kurzfilm)
2006: Der Teufel trägt Prada (The Devil Wears Prada)
2006: Lucas der Ameisenschreck (The Ant Bully, Stimme)

2007: Dark Matter
2007: Machtlos (Rendition)
2007: Von Löwen und Lämmern (Lions for Lambs)
2007: Spuren eines Lebens (Evening)
2008: Mamma Mia!
2008: Glaubensfrage (Doubt)
2009: Julie & Julia
2009: Der fantastische Mr. Fox (Fantastic Mr. Fox, Stimme)
2009: Wenn Liebe so einfach wäre (It's Complicated)
2011: Die Eiserne Lady (The Iron Lady)
2012: Wie beim ersten Mal (Hope Springs)

Fernsehfilme
1978: Holocaust – Die Geschichte der Familie Weiss (Holocaust)
1997: Solange es noch Hoffnung gibt (... First Do No Harm)
2003: Engel in Amerika (Angels in America)

Quelle: Wikipedia und Internet Movie Database

Zitate von Meryl Streep

Der Oscar ist fast eine Sportveranstaltung.
Du fühlst dich wie ein Pferd.
Alles dreht sich um Körperpflege, Haare, Kleider,
Schuhe und Schmuck.

Ich bin eine Schauspielerin,
die nach der Arbeit nach Hause geht.

Ich habe keine Angst vor dem Alter.
Ich erschrecke nur manchmal,
wenn ich plötzlich mein Gesicht
in einem Schaufenster sehe.

In Los Angeles war ich immer Meryl Streep.
Ich hatte immer das Gefühl,
ich müsste mich erst zurechtmachen,
bevor ich meine Kinder in die Schule bringe ...
Auf die Dauer kam ich damit nicht klar.

Man geht nicht kaputt,
wenn man sich eine gewisse Selbstironie bewahrt.

Man soll die Zuschauer nicht belehren,
sondern berühren.

Literatur

DER SPIEGEL: „Arbeit ist für mich Erlösung". Meryl
Streep über den Schönheitskult und ihren neuen Film
„Der Tod steht ihr gut", S. 284–295, 16. November 1992,
FEMBIO Frauen-Biographie-Forschung
http://www.fembio.org
GLOGGER, Helmut-Maria: Meryl Streep. Das Porträt
eines Weltstars, Köln 1993
HEINZLMEIER, Adolf: Meryl Streep, Wien 1994
INTERNET MOVIE DATABASE
(Film-Datenbank)
http://www.imdb.com
PROBST, Ernst: Superfrauen 7 – Film und Theater,
Mainz-Kostheim 2001
PROBST, Ernst: Königinnen des Films, München 2012
PUBLIKUMSLIEBLINGE NICHT NUR VON
GESTERN http://www.steffi-line.de
Internetseite von Stephanie D'heil, Düsseldorf
WIKIPEDIA (Online-Lexikon)
http://wikipedia.org
WINNERT, Derek (Herausgeber): Meryl Streep. Aus:
Kino. Die große Welt der Filme und Stars, S. 164, Nie-
dernhausen 1995

Bildquellen

Klaus Benz, Fotograf, Mainz-Laubenheim: 36

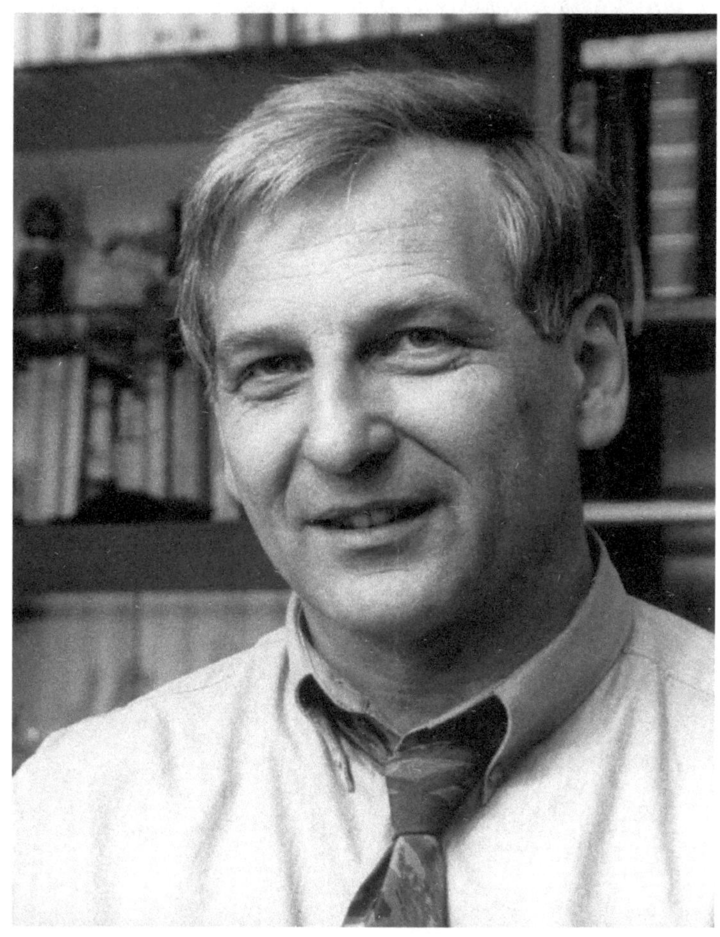

Autor Ernst Probst

Der Autor Ernst Probst

Ernst Probst, geboren am 20. Januar 1946 in Neunburg vorm Wald im bayerischen Regierungsbezirk Oberpfalz, ist Journalist und Wissenschaftsautor. Er arbeitete von 1968 bis 1971 als Redakteur bei den „Nürnberger Nachrichten", von 1971 bis 1973 in der Zentralredaktion des „Ring Nordbayerischer Tageszeitungen" in Bayreuth und von 1973 bis 2001 bei der „Allgemeinen Zeitung", Mainz. In seiner Freizeit schrieb er Artikel für die „Frankfurter Allgemeine Zeitung", „Süddeutsche Zeitung", „Die Welt", „Frankfurter Rundschau", „Neue Zürcher Zeitung", „Tages-Anzeiger", Zürich, „Salzburger Nachrichten", „Die Zeit", „Rheinischer Merkur", „Deutsches Allgemeines Sonntagsblatt", „bild der wissenschaft", „kosmos", „Deutsche Presse-Agentur" (dpa), „Associated Press" (AP) und den „Deutschen Forschungsdienst" (df). Aus seiner Feder stammen die Bücher „Deutschland in der Urzeit" (1986), „Deutschland in der Steinzeit" (1991) und „Deutschland in der Bronzezeit" (1996). Von 2001 bis 2006 betätigte sich Ernst Probst als Buchverleger sowie zeitweise als internationaler Fossilienhändler und Antiquitätenhändler. Insgesamt veröffentlichte er rund 200 Bücher, Taschenbücher, Broschüren und E-Books.

Bücher von Ernst Probst

(Auswahl)

Als Mainz noch nicht am Rhein lag

Annie Oakley
Die Meisterschützin des Wilden Westens

Archaeopteryx. Der Urvogel
aus Bayern

Christl-Marie Schultes. Die erste Fliegerin in Bayern
(zusammen mit Theo Lederer)

Cortés und Malinche. Der spanische Eroberer
und seine indianische Geliebte

Der Europäische Jaguar

Der Mosbacher Löwe
Die riesige Raubkatze aus Wiesbaden

Der Rhein-Elefant
Das Schreckenstier von Eppelsheim

Der Schwarze Peter
Ein Räuber im Hunsrück und Odenwald

Der Ur-Rhein
Rheinhessen vor zehn Millionen Jahren

Deutschland im Eiszeitalter

Deutschland in der Frühbronzezeit

Deutschland in der Mittelbronzezeit

Deutschland in der Spätbronzezeit

Die Aunjetitzer Kultur in Deutschland

Die Straubinger Kultur in Deutschland

Die Singener Gruppe

Die Arbon-Kultur in Deutschland

Die Ries-Gruppe und die Neckar-Gruppe

Die Adlerberg-Kultur

Der Sögel-Wohlde-Kreis

Die nordische Bronzezeit in Deutschland

Die Hügelgräber-Kultur in Deutschland

Die ältere Bronzezeit in Nordrhein-Westfalen

Die Bronzezeit in der Lüneburger Heide

Die Stader Gruppe in der Bronzezeit

Die Oldenburg-emsländische Gruppe

Die Urnenfelder-Kultur in Deutschland

Die ältere Niederrheinische Grabhügel-Kultur

Die Unstrut-Gruppe

Die Helmsdorfer Gruppe

Die Saalemündungs-Gruppe

Die Lausitzer Kultur in Deutschland

Die Dolchzahnkatze Megantereon

Die Dolchzahnkatze Smilodon

Die Säbelzahnkatze Homotherium

Die Säbelzahnkatze Machairodus

Die Schweiz in der Frühbronzezeit

Die Rhône-Kultur in der Westschweiz

Die Arbon-Kultur in der Schweiz

Die Schweiz in der Mittelbronzezeit

Die Schweiz in der Spätbronzezeit

Dinosaurier von A bis K. Von Abelisaurus
bis zu Kritosaurus

Dinosaurier von L bis Z. Von Labocania
bis zu Zupaysaurus

Eiszeitliche Geparde in Deutschland

Eiszeitliche Leoparden in Deutschland

Frauen im Weltall

Hildegard von Bingen. Die deutsche Prophetin

Höhlenlöwen. Raubkatzen
im Eiszeitalter

Julchen Blasius
Die Räuberbraut des Schinderhannes

Katharina II. die Große.
Die Deutsche auf dem Zarenthron

Johann Jakob Kaup
Der große Naturforscher aus Darmstadt

Königinnen der Lüfte in Deutschland

Königinnen der Lüfte in Europa

Königinnen der Lüfte in Amerika

Königinnen der Lüfte von A bis Z

Rund 70 Kurzbiografien berühmter Fliegerinnen,
Ballonfahrerinnen, Luftschifferinnen,
Fallschirmspringerinnen, Astronautinnen und
Kosmonautinnen

Königinnen des Films

Königinnen des Tanzes

Königinnen des Theaters

Malende Superfrauen

Meine Worte sind wie die Sterne

Die Entstehung der Rede des Häuptlings Seattle
(zusammen mit Sonja Probst)

Monstern auf der Spur
Wie die Sagen über Drachen, Riesen
und Einhörner entstanden

Neues vom Ur-Rhein
Interview mit dem Geologen und Paläontologen
Dr. Jens Sommer

Österreich in der Frühbronzezeit

Österreich in der Mittelbronzezeit

Österreich in der Spätbronzezeit

Pompadour und Dubarry. Die Mätressen
von Louis XV.

Raub-Dinosaurier von A bis Z.
Mit Zeichnungen von Dmitry Bogdanav
und Nobu Tamura

Rekorde der Urmenschen
Erfindungen, Kunst und Religion

Rekorde der Urzeit
Landschaften, Pflanzen und Tiere

Säbelzahnkatzen. Von Machairodus
bis zu Smilodon

Säbelzahntiger am Ur-Rhein. Machairodus
und Paramachairodus

Superfrauen aus dem Wilden Westen

Superfrauen 1 – Geschichte

Superfrauen 2 – Religion

Superfrauen 3 – Politik

Superfrauen 4 – Wirtschaft und Verkehr

Superfrauen 5 – Wissenschaft

Superfrauen 6 – Medizin

Superfrauen 7 – Film und Theater

Superfrauen 8 – Literatur

Superfrauen 9 – Malerei und Fotografie

Superfrauen 10 – Musik und Tanz

Superfrauen 11 – Feminismus und Familie

Superfrauen 12 – Sport

Superfrauen 13 – Mode und Kosmetik

Superfrauen 14 – Medien und Astrologie

Tony und Bruno Werntgen. Zwei Leben für die Luftfahrt
(zusammen mit Paul Wirtz)

Was ist ein Menhir?
Interview mit dem Mainzer Archäologen
Dr. Detert Zylmann

Weisheiten der Indianer

Wer ist der kleinste Dinosaurier?
Interviews mit dem Wissenschaftsautor Ernst Probst

Wer war der Stammvater der Insekten?
Interview mit dem Stuttgarter Biologen
und Paläontologen Dr. Günther Bechly

Zenobia von Palmyra.
Eine Frau kämpft gegen die Römer

Bestellungen bei: http://www.grin.com